PRÉFECTURE DE LA MEUSE



# ALLOCUTIONS

PRONONCÉES PAR M. A. VIMONT

PRÉFET

—

1871-1872

BAR-LE-DUC. — TYPOGRAPHIE L. GUÉRIN.

# ALLOCUTION

PRONONCÉE A L'ASSEMBLÉE GÉNÉRALE DE LA SOCIÉTÉ DE SECOURS MUTUELS ET DE PRÉVOYANCE DE LA VILLE DE BAR-LE-DUC

**le 21 Mai 1871.**

---

MESSIEURS,

Lorsque, il y a quelques jours, je reprenais officiellement possession de la Préfecture de la Meuse, j'avais l'honneur de réunir autour de moi tous les hommes qui sont à la tête de l'administration dans ce Département et ceux que la confiance de leurs concitoyens vient d'appeler tout récemment à former le Conseil de la ville. J'étais heureux de recevoir en même temps le Conseil d'administration de la Société de Secours mutuels de la ville de Bar-le-Duc. Aujourd'hui, permettez-moi cette expression, je viens vous rendre votre visite. Après avoir été si gracieusement accueilli par ceux que vous avez chargés de vous représenter, j'avais hâte de me trouver en contact avec la Société tout entière et de lui exprimer tous les sentiments de cordialité et de sympathie que je professe pour une association qui compte dans son sein l'élite des travailleurs de la ville de Bar-le-Duc : ceux-là, en effet, sont bien l'élite de leurs camarades, qui ont compris qu'après avoir demandé au travail le pain de chaque jour, dans le temps de la jeunesse et de la santé, il fallait s'unir pour demander à l'épargne le secours indispensable quand arriveraient la vieillesse et les infirmités.

Mais, si vous le trouvez bon, nous n'en resterons pas aux premiers compliments, nous ferons plus ample connaissance, et puisque vos Statuts le permettent, je vous demanderai d'établir désormais entre nous un lien plus étroit, je vous prierai de vouloir bien m'accorder le titre d'associé libre de la Société de Secours mutuels. J'aurai le droit alors de contribuer personnellement au succès de l'œuvre que vous poursuivez et de travailler efficacement à ce qui va devenir notre cause commune.

Comme administrateur de ce Département, mon devoir est de seconder toutes les œuvres utiles et de favoriser de tout mon pouvoir l'esprit d'association si propre à les féconder toutes. Et, quand je parle d'association, nous nous entendons bien, n'est-ce pas ? Les associations que j'ai mission de favoriser de tous mes efforts, ce sont celles qui se forment en plein soleil, en pleine liberté, mais sous l'œil vigilant de la loi ; celles où l'on pratique la véritable fraternité ; celles qui ne rougissent pas d'aller au pied de l'autel implorer la protection divine, ainsi que nous le ferons tout à l'heure. Ce ne sont pas ces associations malsaines qui recherchent l'ombre pour écouter les artisans de désordres, les faux prophètes qui commencent par faire briller aux yeux de l'ouvrier les chimères de l'utopie, l'entraînent ensuite dans l'abîme de la révolte et semblent s'acharner enfin au déchirement de la Patrie sous l'œil méprisant de l'étranger, qui avait bien pu nous vaincre, mais qui avait appris au moins à nous estimer.

Messieurs, je ne veux pas abuser plus longtemps de votre attention ; votre ordre du jour est très-chargé. Je vais entendre, avec vous, le compte-rendu annuel de la Société : ce sera pour moi l'occasion de m'initier à vos affaires ; j'écouterai aussi avec le plus vif intérêt le rapport que va présenter M. le Secrétaire sur les enfants confiés au Comité de Patronage, après quoi je vous demanderai la permission de me retirer.

En effet, le Gouvernement de la Défense nationale vous a restitué le droit de nommer vous-mêmes votre Président, l'autorité n'a donc plus à intervenir dans le choix du citoyen que vos seuls suffrages vont appeler à ces fonctions, et je ne voudrais pas que ma présence, au moment de l'élection, pût être attribuée à l'intention d'exercer la pression la plus légère sur des opérations qui doivent s'accomplir avec la liberté la plus complète.

# ALLOCUTION

PRONONCÉE A LA DISTRIBUTION DES PRIX FAITE AUX ÉLÈVES DU LYCÉE NATIONAL DE BAR-LE-DUC

**le 3 Août 1871.**

---

MES CHERS AMIS,

Autrefois, il n'y a pas encore bien longtemps, dans un beau pays il y avait une grande famille. Le travail était la loi de la maison. La mère, une grande et noble femme, bonne autant que belle, avait coutume à un jour donné de réunir autour d'elle tous ses enfants dans une grande fête, où elle se plaisait à distribuer aux plus méritants de belles couronnes, pour récompenser les uns, pour encourager les autres. Ce jour-là, on parait brillamment la maison ; tous les voisins venaient en habits de cérémonie : c'était une grande joie, aux éclats bruyants, comme il convient à la florissante jeunesse.

Un jour, jour bien triste, la mère fut frappée ; les plus grands de ses fils qui la voulurent défendre périrent à ses pieds ; blessée, meurtrie, elle faillit mourir ; elle vécut cependant.

Après de longues, après de cruelles souffrances, elle se sentait renaître, quand arriva l'époque de la fête accoutumée. Retenue encore sur son lit de douleur, elle voulut cependant qu'on distribuât aux enfants les récompenses qu'ils avaient méritées. Le deuil était dans la maison ; qui donc eût songé à une fête ? On choisit une salle écartée, loin du bruit, quelques amis bien intimes entrèrent discrètement ; la distribution se fit presque en silence, et au milieu de cette tristesse, tous étaient pourtant joyeux ; car ils savaient que leur mère était sauvée.

Ai-je besoin de vous le dire, chers enfants ? Ce beau pays, c'est notre France ; cette grande et noble femme qui a tant souffert, c'est notre mère, c'est la Patrie ; et s'il n'y a pas aujourd'hui de drapeaux, de couronnes, de fanfares, il y a dans notre cœur une grande joie ; car notre mère est sauvée. Je n'ai plus qu'un mot à vous dire en son nom : Grandissez, étudiez, travaillez ; car, ne l'oubliez pas, après tant de malheurs, vous êtes l'espérance et votre mère compte sur vous.

# ALLOCUTION

PRONONCÉE A L'OCCASION DU SERVICE FUNÈBRE CÉLÉBRÉ LE DIMANCHE 6 AOUT 1871, ANNIVERSAIRE A JAMAIS LAMENTABLE DE LA BATAILLE DE REISCHOFFEN, A L'INTENTION DES ENFANTS DE LA MEUSE MORTS PENDANT LA GUERRE DE 1870-71 ET DES SOLDATS FRANÇAIS DONT LES CORPS REPOSENT AU CIMETIÈRE DE BAR-LE-DUC.

---

Au moment de prendre la parole pour saluer avec vous le monument que le Comité de secours aux blessés a fait élever à la mémoire de ceux qui sont morts pour la patrie pendant la guerre terrible qui vient de finir, je ne puis me défendre d'une profonde émotion que vous ne refuserez pas, j'en suis sûr, de partager avec moi.

Le dernier coup de canon venait d'être tiré quand j'arrivai dans la Meuse. L'étranger, qui était encore l'ennemi, commandait partout en maître et ne pouvant exercer les droits qu'on m'avait confiés pour vous servir, dès le premier jour, au moins, j'ai pu remplir une partie de mes devoirs. La place qu'on me refusait à la Préfecture, j'ai pu la prendre derrière un cercueil, lorsque, les pieds dans la neige, au mois de février, nous suivions, avec M. Grandpierre, un de nos braves députés, le convoi funèbre d'un de ces pauvres soldats dont on peut lire aujourd'hui les noms gravés sur ce tombeau. Dès ce jour-là, voyant l'attitude recueillie de la foule, les larmes qui mouillaient tous les yeux, j'ai pu me dire : Les gens de la Meuse sont de braves gens ; on doit être fier d'être préfet de la Meuse.

C'est une belle et glorieuse mission que s'est donnée votre Comité de secours et qu'il a noblement remplie. Ce monument que nous inaugurons aujourd'hui vient couronner dignement ses travaux. Je ne vous dirai pas tout le bien que le Comité a pu faire : Vous l'avez vu à l'œuvre, et dans nos désastres, quand le malheur de la guerre avait frappé quelqu'un de nos soldats, tout n'était pas perdu s'il arrivait à Bar-le-Duc ; aussitôt il était recueilli, réconforté, soigné ; une main amie, une main française pansait sa blessure. Combien, parmi ceux qui m'écoutent, doivent la vie à ses soins empressés. Et si tous les efforts étaient impuissants, si la blessure était mortelle, vous étiez là, Messieurs, pour recevoir ses derniers adieux, pour recueillir son dernier soupir. Les prières de vos prêtres, les larmes de vos sœurs, le cortége de vos amis l'accompagnaient jusqu'ici.

Merci donc à vous tous qui, sous l'œil de l'ennemi, au milieu des périls de tous genres, avez accompli ce devoir sacré.

Merci d'abord au nom de toutes les mères qui avaient élevé ces enfants et qui, loin d'ici peut-être, pleurant le fils qu'elles ont perdu, peuvent se dire : Il n'était pas seul, on lui a serré la main, on lui a fermé les yeux, on a prié pour lui, je sais où il est ; et si je puis aller jusqu'à Bar-le-Duc, je saurai où poser mes deux genoux.

Merci enfin au nom de toute la France, pour qui la défaite est glorieuse autant que la victoire : oui, vous avez bien fait d'élever ce monument. A côté de ce lion blessé, vous avez bien fait de mettre l'emblème de l'espérance ; car la France ne saurait mourir.

Pauvre France, qui marchais la première au rang des nations ! Pauvre captive aujourd'hui, dont il nous faut payer la rançon ! Qui donc a trahi ton courage et dissipé follement le trésor de ta puissance ? Qui donc, si ce n'est le despotisme avec ses prospérités menteuses, sa présomption insensée, son incurable ineptie ? Qui saura te relever ? L'ordre, la discipline, l'amour du devoir, toutes ces mâles vertus qui ne peuvent éclore qu'au souffle vivifiant de la liberté.

Il est arrivé trop souvent, en ces jours troublés, qu'on a fait de la tombe un tréteau d'où l'on jetait à la foule des paroles enfiévrées ; trop souvent des discoureurs, avides d'une popularité malsaine, ont exploité la douleur publique et profané la majesté de la mort. Vous le savez, mes amis, je ne suis pas de ces gens-là. Dieu me garde donc, en voulant réchauffer vos cœurs au feu sacré du patriotisme, d'y rallumer la haine aveugle, la colère impuissante, la témérité sans effet !

N'oublions pas qu'aujourd'hui la parole de la France est solennellement engagée, et que c'est le travail, le travail seul qui pourra dégager la parole de la France. Aujourd'hui plus que jamais, on est en droit de le dire, le travail c'est l'honneur, c'est la liberté.

Ainsi donc, sachons comprimer les battements de

notre cœur. En rentrant dans cette ville qui n'est pas libre encore, portez la tête haute, comme il convient à des gens qui viennent d'accomplir un pieux devoir. Mais pas de folle bravade ; pas de chants ; pas de cris ; pas de démonstration d'aucune sorte.

Que l'étranger comprenne, en vous voyant passer fiers, dignes et calmes, la différence qu'il y a entre les foules avinées de l'empire et les citoyens libres d'une République qui sera grande et forte tant qu'elle restera honnête et modérée.

# ALLOCUTION

PRONONCÉE A LA DISTRIBUTION DES PRIX AUX ÉLÈVES DES FRÈRES
DE LA DOCTRINE CHRÉTIENNE, DE BAR-LE-DUC

**le Lundi 17 Août 1871.**

---

CHERS ENFANTS,

Nous venons de traverser une année terrible et, comme le disait l'autre jour Monsieur le Curé de Notre-Dame, dans ce beau langage de l'Eglise qu'il parle si bien, nous ignorons encore si nous avons épuisé le calice d'amertume. Il semble que chaque jour nous amène de nouveaux malheurs, une nouvelle épreuve.

Après l'invasion, la peste est venue frapper nos animaux ; la gelée a fait périr nos blés ; hier l'orage grondait, mêlé de tonnerre et d'éclairs, détruisant nos moissons, et tout près de nous ravageait un village. Au milieu de tant de désastres, vous comprenez bien que nous tous, Maire ou Préfet, nous avons de grands devoirs à remplir.

Accablé de travail, j'ai cru un moment qu'il me serait impossible de répondre à l'invitation que vos maîtres avaient bien voulu m'adresser ; j'ai voulu venir cependant. J'avais été voir vos camarades du Lycée, vous savez, ces braves garçons qui se donnent tant de mal avec leur grec et leur latin ; je suis bien aise de vous connaître également, bien aise de vous dire que je porte un égal intérêt à vous tous, chers enfants, qui avez tout d'abord à apprendre, les uns aussi bien que les autres, comment on devient un honnête homme et un bon citoyen. Je voulais entendre dire que vous aviez fait des progrès, qu'on était content de vous. Avant tout, je voulais savoir si vous aimiez bien vos maîtres et je voulais vous dire combien vos maîtres méritent d'être aimés.

Pauvres bons Frères de la Doctrine chrétienne, ils sont en France toute une grande famille qui s'est imposé cette tâche d'élever, d'instruire, d'aimer les enfants du pauvre ; car, pour bien instruire, il faut beaucoup aimer.

Vous voyez la peine qu'ils se donnent pour vous, quels trésors de patience et de bonté ils vous prodiguent chaque jour. Vous êtes reconnaissants, j'en suis sûr; mais vous ne les connaissez que par les soins qu'ils prennent de vous, et moi, j'ai voulu vous dire que je les connais mieux encore.

En France, c'est là notre gloire et peut-être aussi le secret de notre faiblesse, nous ne donnons tout notre respect qu'à l'homme qui a vu le feu, comme nous disons. Eh bien ! laissez-moi vous dire que vos bons Frères ne savent pas seulemeut vous faire la classe et vous conduire à l'église, ils savent aller au feu, ils savent y mourir !

On les a vus, je les ai vus, moi qui vous parle, sous les murs de Paris, quand le canon grondait, s'élancer dans la neige pour ramener nos blessés ; entraînés par la charité, dépasser nos avant-postes et tomber sous les balles !

La mort sur le champ de bataille, vous trouvez cela beau.

Pour le soldat qui la donne, avant de la recevoir; pour celui qui combat en disant : « La France me regarde », il ne faut que du courage.

Mais pour le pauvre infirmier qui l'affronte sans armes, sans colère, il faut quelque chose de plus, il faut la foi qui dit : « Dieu m'attend ».

La foi, ils savent que c'est là leur force. Ils veulent que ce soit aussi la vôtre. Tous leurs efforts tendent vers ce but, et je suis venu leur dire qu'ils doivent compter loyalement sur moi pour seconder leurs efforts, comme vous tous, chers enfants, vous pouvez compter sur ma profonde et sincère affection.

# ALLOCUTION

PRONONCÉE A LA DISTRIBUTION DES PRIX AUX ÉLÈVES DES ÉCOLES COMMUNALES DE BAR-LE-DUC

le 20 Août 1871.

---

Quelque profonde que puisse être la douleur qui persiste au fond de nos âmes après les tristes jours que nous venons de traverser, quand les pères et les enfants, les maîtres et les écoliers, les prêtres et les magistrats, sont réunis dans cette enceinte, il n'y a pas à s'en défendre, c'est une fête.

Vous avez bien voulu m'y convier, et je vous en remercie. En effet, chaque fête comme chaque épreuve vient rendre plus étroits les liens sympathiques qui unissent la municipalité de Bar-le-Duc et la Préfecture de la Meuse. Je ne voudrais pas abuser de votre hospitalité en allongeant cette cérémonie d'un discours.

Que pourrais-je dire que vous ne sachiez déjà !

Vos maîtres savent que, moi aussi, j'ai été maître : ils savent quels souvenirs, quelles affections m'attachent aux choses et aux hommes de l'enseignement. Des éloges de ma part, cela serait presque de la camaraderie.

Les enfants, les enfants savent bien que je suis père et que j'ai pour les enfants une profonde et vive tendresse. N'est-ce pas, mes enfants, vous savez bien que je vous aime?

Ce n'est pas à moi à vous dire ce que la ville a fait pour vous, ce que vous devez faire pour elle, c'est le privilége de M. le Maire. Le mien, mon privilége à moi, ici comme partout, dans toutes les fêtes comme dans tous les deuils, c'est de vous rappeler qu'au-dessus de votre ville, au-dessus de la famille, au-dessus de vous, enfants, il y a quelque chose que nous devons aimer par-dessus tout : La France ! la Patrie !

# ALLOCUTION

PRONONCÉE
A L'ASSEMBLÉE GÉNÉRALE DE LA SOCIÉTÉ DE SECOURS MUTUELS
DES INSTITUTEURS DE LA MEUSE

**le 13 Septembre 1871.**

---

Après les jours néfastes que nous venons de traverser, il était difficile de donner à cette réunion tout l'éclat qu'elle a eu les années précédentes et que nous comptons bien lui rendre un jour. Nous n'en avons conservé que les parties les plus essentielles, les prières d'abord, que ce matin nous avons adressées ensemble pour le repos de l'âme de ceux d'entre vous qui sont morts ; car c'est là un des priviléges de la religion : que toujours elle est prête et toujours opportune, soit qu'elle embellisse nos fêtes, ou qu'elle console nos malheurs.

A cette heure, réunis en famille, permettez que, laissant de côté les discours d'apparat, je profite de l'intimité qui nous est faite, pour jeter un coup d'œil rapide sur la situation difficile que nous traversons en ce moment.

Dans tous les temps cela a été une grosse affaire que le choix des hommes chargés de faire l'éducation de celui qui devait être un jour le souverain : il y fallait tout le savoir d'Aristote, toute la vertu de Fénelon. Aujourd'hui vous avez à faire l'éducation de ce souverain aux mille têtes, qui s'appelle le Peuple, et qui prétend se gouverner lui-même. Avec le suffrage universel, le rôle de l'instituteur a singulièrement grandi, et en même temps grandissaient les dangers et les misères de ce rôle à la fois si modeste et si relevé. Je ne puis songer sans frémir à la responsabilité qui vous incombe, et pour me rassurer, je vais esquisser en quelques mots le tableau de vos devoirs, et chercher avec vous le meilleur moyen de les bien remplir.

Voyons d'abord vos devoirs envers l'école : sans doute ce sont les plus pressants, mais aussi les mieux définis, et par conséquent, les plus faciles. Après les examens si sérieux qui vous ouvrent la carrière, il est rare qu'aucun de vous n'ait pas l'aptitude et l'instruction nécessaires : c'est nous qui serions coupables si vous étiez insuffisants.

Quant à la science pédagogique, elle peut tenir en deux mots : « Être bon avec les enfants, car vous représentez la mère absente ; être juste, puisque ce sont les droits du père, je dirai plus, les droits de l'État qui vous sont délégués ». Soyez bons, soyez justes, et l'on trouvera bientôt que vous êtes habiles

Mais vous n'êtes pas seulement chargés d'instruire les enfants, vous êtes secrétaires de la mairie ; de vos bons rapports avec M. le Maire dépendent bien souvent l'ordre, la bonne administration d'une commune;

vous êtes utiles, nécessaires : que le sentiment de votre valeur ne vous enfle pas trop cependant ; au-dessus de votre science, au-dessus de toute science, souvenez-vous qu'il y a le bon sens ; n'oubliez pas, d'ailleurs, si vous êtes admis au conseil, que ce n'est pas à vous qu'il appartient de dire ce qu'il y a à faire, mais seulement d'indiquer comment on pourra faire ce que le conseil aura résolu. Peut-être aurez-vous à montrer comment on établit un budget, mais ce n'est point à vous de décider quelles recettes, quelles dépenses y figureront. En un mot, vous êtes chargés de revêtir de la forme administrative les résolutions du conseil, vous n'avez pas à les inspirer.

Avec Monsieur le Curé, vos rapports ne sont pas moins nettement définis : c'est à vous qu'il appartient de préparer l'enfant à recevoir les dogmes sacrés ; comme le laboureur, vous avez à ouvrir le sillon de l'intelligence ; c'est au prêtre qu'il appartient d'y répandre la semence divine ; vos bons soins achèveront de la faire fructifier. Mais ne vous y trompez pas, ne faites pas comme ces gens qui, parce qu'ils ont soigné beaucoup de malades, se figurent être devenus de grands médecins. Vous êtes chargés d'entretenir en quelque sorte l'hygiène morale ; chargés d'appliquer le remède, ce n'est pas à vous de le prescrire, sans vous exposer à devenir des empiriques ou des charlatans. En un mot, vous avez à prêter votre concours au maire, au curé, mais vous n'êtes ni le maire, ni le curé ; ne l'oubliez pas.

Quelle que soit l'instruction de votre maire, il est

toujours au-dessus de vous de toute la hauteur de la loi.

Quel que soit votre curé, il vous dépasse de toute la hauteur de la religion.

Ce sont des hommes, cependant; ils peuvent avoir leurs défauts, leurs passions, et quelquefois, il faut bien le dire, malheureusement pour la commune, la bonne harmonie cesse de régner entre eux; c'est là que commence pour l'instituteur un véritable danger; qu'il s'attache à l'un d'eux, qu'il épouse la querelle de l'autre, et trop souvent il arrivera qu'on ne pourra plus faire la paix qu'en le sacrifiant lui-même.

Evitez avec soin les résistances ombrageuses, comme les plates servilités, suivez imperturbablement la voie droite, bien convaincus que la sincérité, la loyauté sont encore la meilleure des diplomaties, et vous pourrez compter qu'il y a ici, à la Préfecture, une main ferme, prompte à briser les résistances coupables; mais aussi un cœur bien dévoué, décidé à prêter l'appui le plus énergique au bon droit du faible contre le caprice du fort.

Que si l'instituteur est véritablement sage, loin de devenir un instrument de discorde, il sera le véritable trait d'union entre deux autorités qu'il doit également servir, également respecter ; il fera mieux encore, il sera l'un des agents les plus efficaces pour l'accomplissement de cette mission d'ordre, d'apaisement et de conciliation qui est aujourd'hui le premier besoin de la société si douloureusement ébranlée. Il évitera de se mêler aux luttes électorales, aux violences des partis, et s'il est consulté par ses élèves devenus des hommes, s'il lui faut absolument dire son mot, il leur répétera qu'en France il n'y a plus désormais que deux grands partis : le parti des honnêtes gens, qui embrasse tous ceux qui veulent sincèrement, loyalement, le bien de leur pays, par tous les moyens que comportent l'honneur, la vérité, la justice, et le parti de ceux qui, sous des masques divers, ne recherchent le Pouvoir que pour satisfaire leur ambition ou la brutalité de leurs passions jalouses et cupides. Il leur dira qu'il ne faut pas rejeter aveuglément tel homme parce qu'il a servi sous tel régime, et pour ne pas sortir du domaine de l'instruction publique, il se rappellera que M. Guizot, en 1833, M. Jules Simon, en 1850, M. Duruy, en 1862, c'est-à-dire sous des régimes bien différents, ont conquis des droits égaux à leur reconnaissance et à celle du pays, animés qu'ils étaient d'une même pensée, pour combattre l'ignorance et relever le niveau moral et intellectuel de la Nation : c'était la même liqueur dans des vases différents.

Donc, laissant de côté les vaines et stériles récriminations ; les regards tournés avec confiance vers l'avenir, vous nous aiderez de toutes vos forces, nous tous qui, pour arriver à la réorganisation de la France et la rendre maîtresse de ses destinées, avons accepté, suivant les belles paroles du Président de la République, la tâche de lui assurer le Gouvernement qui divise le moins.

# ALLOCUTION

PRONONCÉE A L'OUVERTURE DE LA SESSION DU CONSEIL GÉNÉRAL

le Lundi 23 Octobre 1871.

---

MESSIEURS,

L'année dernière, vous étiez à la veille de vous réunir pour la session du mois d'août, quand tout d'un coup le département fut complètement enveloppé par le flot de l'invasion. Puis vinrent le siége de Verdun, le bombardement de Montmédy; vos enfants prisonniers conduits en Allemagne, et le reste ; mais à quoi bon retracer le tableau de nos malheurs? La guerre venait de finir, les réquisitions, les pillages duraient encore quand j'arrivai dans la Meuse, chargé par le Gouvernement d'y régulariser les opérations électorales et d'y tenter la réorganisation de l'Administration française. Après une lutte opiniâtre, et qui ne fut pas toujours sans périls, je repris possession de cette Préfecture où je suis heureux de vous voir tous enfin réunis.

J'avais grand'hâte de me trouver en contact avec le département tout entier, alors que les circonstances m'avaient toujours fait un devoir de ne pas m'éloigner du chef-lieu.

Je n'avais pas cependant attendu jusque-là pour entrer en communication avec vous. Dès le premier jour, compulsant vos rapports, étudiant vos travaux, je cherchais à me pénétrer de votre esprit, à m'inspirer de vos intentions ; aussi puis-je dire que, quand je suis entré à la Préfecture, vous y êtes rentrés avec moi. Ceux d'entre vous qui faisaient partie des différentes Commissions ont continué à y être appelés ; votre influence n'a pas cessé de s'y faire sentir, et si le département de la Meuse a eu sa grande part des maux de la guerre, du moins a-t-il évité l'anarchie, fléau peut-être plus redoutable encore.

J'ai fait appel à toutes les expériences, à tous les dévouements ; tous les droits acquis ont été respectés. L'esprit de conciliation dont j'étais animé a rendu ma tâche facile, à peine ai-je le droit d'appeler réorganisation le soin que j'ai pris surtout de ne pas désorganiser.

Les élections municipales ont eu lieu dans toutes les communes avec ordre et régularité. Je n'ai qu'à me louer de l'activité que déploient Messieurs les Maires anciens ou nouveaux, et déjà un grand nombre de communes ont achevé de régler les dépenses de la guerre.

A peine reconstitué, le département a voulu prouver de quel effort il était capable en venant souscrire à l'emprunt pour un capital de 12,687,675 fr., chiffre relativement considérable et qui a été remarqué.

En résumé, après les désastres de la guerre, la peste bovine, la perte de nos blés, les ravages de la grêle, avec le lourd fardeau de l'occupation étrangère que tous nos efforts voudraient alléger, mais qui pèsera sur nous si longtemps, j'ose dire que le département de la Meuse n'est pas dans une mauvaise situation, grâce à la sage économie que vous avez su établir, grâce à l'esprit d'ordre, de travail et de dévouement, qui anime nos infatigables concitoyens.

D'ailleurs, ne l'oublions pas, l'Assemblée nationale, par la loi du 6 septembre, a décrété qu'un dédommagement serait accordé à tous ceux qui, pendant l'invasion, ont subi des contributions de guerre, des réquisitions, soit en argent, soit en nature, des amendes et des dommages matériels.

Vous aurez à désigner les quatre conseillers qui devront faire partie de la Commission départementale qui révisera le travail des Commissions cantonales, fixera le chiffre définitif des pertes justifiées et distribuera, entre les victimes les plus nécessiteuses de la guerre et les communes les plus obérées, la part faite au département dans la somme de 100 millions que la loi va mettre à la disposition du Gouvernement.

Les fonctionnaires de tout rang n'ont pas cessé de me prêter le concours le plus dévoué. Accablés de travail depuis la reprise du service, Messieurs les Chefs de division et tous les employés de la Préfecture ont rivalisé de zèle pour me seconder ; j'espère que vous ne refuserez pas aux uns et aux autres la continuation de votre bienveillance.

Les événements désastreux qui nous ont privés de l'Alsace et d'une partie de la Lorraine, ont augmenté l'importance de la Meuse. La frontière, hélas ! s'est rapprochée de nous ; cette situation nous impose de nouveaux devoirs ; elle introduit un élément nouveau dans l'appréciation des projets que vous aurez à examiner. J'espère que l'intérêt général, venant s'ajouter à l'intérêt local, ne pourra que hâter l'exécution des travaux destinés à compléter nos communications par eau, ou à relier entre elles les voies ferrées qui traversent le département ou viennent y aboutir.

En vertu du décret du 25 décembre 1870, j'ai dû arrêter seul le budget de 1871 ; je l'ai calqué sur le budget que vous aviez adopté pour 1870, en tenant compte toutefois des circonstances exceptionnelles dans lesquelles il a été dressé. Il vous sera facile de vous assurer que vos décisions antérieures ont été respectées scrupuleusement.

MESSIEURS,

Vous êtes appelés à appliquer pour la première fois les dispositions de la loi du 10 août 1871, qui, en vous conférant de nouveaux droits, vous impose des obligations nouvelles. Vous aurez à nommer la Commission départementale, qui doit en votre absence prolonger votre action.

J'ai la conviction que, dans la Meuse, l'expérience de la loi nouvelle ne saurait présenter de difficulté sérieuse. Un membre de la Commission chargé de préparer la loi, a dit à ce propos : « Que bien loin de gêner l'administration, lorsque le Préfet sera laborieux et conciliant, la Commission départementale sera pour lui un aide et non pas une entrave ». Vous n'en doutez pas, Messieurs, je ferai tous mes efforts pour être ce Préfet laborieux et conciliant, dont a parlé M. Reverchon ; j'apporterai tous mes soins à préparer l'instruction des affaires, toute mon activité à exécuter vos décisions. Rien ne saurait donc troubler l'harmonie qui ne manquera pas de s'établir entre deux pouvoirs destinés à marcher côte à côte, et à diriger leurs efforts communs vers un même but, l'intérêt du département qui vous a élus et auprès duquel j'ai l'honneur de représenter le Gouvernement.

Je vais, Messieurs, mettre sous vos yeux l'exposé des différents services, en l'accompagnant de tous les renseignements qui vous permettront de les apprécier.

Les affaires sont classées dans l'ordre du budget. Je serai d'ailleurs toujours prêt à vous fournir tous les documents et toutes les explications dont vous pourrez avoir besoin.

# ALLOCUTION

PRONONCÉE A L'ASSEMBLÉE GÉNÉRALE DE LA SOCIÉTÉ DE SECOURS MUTUELS ET DE PRÉVOYANCE DE LA VILLE DE BAR-LE-DUC

**le Dimanche 26 Mai 1872.**

---

MESSIEURS,

Encore tout meurtri du coup qui m'a frappé, je ne saurais vous faire un bien long discours. Laissez-moi vous dire cependant que je suis heureux d'être au milieu de vous, car, je le sens, la douleur a rendu plus étroit le lien qui m'a toujours attaché à tous ceux qui travaillent comme à ceux qui souffrent ; peut-être en accueillerez-vous avec plus de bienveillance quelques paroles d'amitié, d'espérance et d'encouragement. Ne suis-je pas aujourd'hui plus autorisé que jamais à vous répéter que le Travail n'est pas seulement un devoir, mais qu'il est encore la meilleure, la plus sûre des consolations?

Courage donc, mes amis, travaillons encore, travaillons toujours pour que notre pauvre Patrie puisse acquitter sa dette envers l'étranger, pour donner à vos femmes et à vos enfants le pain de chaque jour, pour amasser l'épargne qui doit subvenir aux besoins de la vieillesse.

Epargner, me direz-vous, quand on gagne si peu ! Cela est difficile, j'en conviens, et cependant, l'expérience ne l'a que trop prouvé, il arrive souvent que ce n'est pas celui qui gagne le plus qui économise davantage. Combien ne voyons-nous pas de mères de famille regretter le temps où leurs maris ne gagnaient que quinze francs, qu'ils apportaient pieusement à la fin de la semaine ! Ils en touchent trente aujourd'hui, mais combien en revient-il jusqu'à la maison ? Et cependant, quoi qu'on puisse gagner, n'est-il pas bien doux de partager avec ses enfants ?

Travaillez donc, non-seulement avec ardeur, mais avec constance, avec ordre, avec mesure, sans écouter la voix amère de l'envie, sans céder aux séductions des plaisirs qui dégradent !

Et si l'épreuve dépasse votre courage, si vos forces vous trahissent, élevez votre esprit vers le ciel, pensez à Celui qui, descendu sur cette terre, n'a demandé qu'un peu de paille pour y naître, une croix pour y mourir ! Mais, si bas que la misère vous courbe, méfiez-vous de ces réformateurs sauvages qui disent que la Providence n'existe pas ; méfiez-vous également de ces prétendus sauveurs dont on viendra vous dire qu'ils sont des hommes providentiels.

Ayez confiance, vous dis-je ! Ne voyez-vous pas autour de vous la France qui se ranime, qui va se relever ? Ne voyez-vous pas votre enfant qui grandit ? Encore une fois, du courage, et nous sommes sauvés.

# ALLOCUTION

PRONONCÉE A L'OCCASION DE L'INAUGURATION DU TEMPLE ISRAÉLITE

**le Vendredi 30 Août 1872.**

---

MESSIEURS,

Je comprends la joie qui brille dans tous les regards à la vue de cet édifice élégant, qui fera tant d'honneur à l'artiste habile qui l'a conçu et qui l'a décoré ; tous sont heureux de le voir enfin terminé, car tous ont concouru à sa fondation, la communauté israélite d'abord, ensuite la ville de Bar-le-Duc, dont il va devenir un des plus gracieux monuments, et enfin l'Etat dont j'ai l'honneur d'être ici le représentant. C'est à ce titre que vous avez bien voulu me convier à cette fête ; je me suis empressé de répondre à votre invitation parce qu'elle m'offrait une occasion naturelle d'affirmer une fois de plus les idées d'ordre, d'union, de concorde et de paix, qui feront la force de la République conservatrice chargée de réparer nos malheurs.

Quand la France de 91 proclamait au début de la Révolution ces principes généreux auxquels elle doit d'être restée grande, même après avoir été vaincue : égalité devant la loi, liberté de conscience, liberté des cultes, elle accomplissait un grand acte de justice en même temps que de profonde sagesse ; car, en vous donnant ces libertés, libertés bien nécessaires celles-là, elle rendait plus étroit, plus impérieux pour vous le devoir sacré de l'aimer, de la servir et de la défendre ; ce devoir, vous l'avez généreusement rempli dans les travaux de la paix comme dans les fatigues de la guerre. Et en effet, quand le jour de combattre fut arrivé, les Israélites de France ont largement fourni leur contingent de victimes, parmi lesquelles je n'en veux citer qu'une seule, glorieuse entre toutes, le brave commandant Franchetti.

Donc, tous ceux qui aiment sincèrement l'ordre, la liberté, la religion, verront avec plaisir un temple de plus s'ouvrir à la prière, à l'adoration de Celui qui réjouit et qui console, au nom duquel doivent être consacrées toutes les grandes époques de la vie, la naissance, le mariage et la mort. Aussi lorsque dans quelques jours, obéissant au vœu de l'Assemblée nationale, nous allons, nous, chrétiens, nous rendre solennellement à l'église, j'ai la confiance qu'en même temps, du sein de ce temple qui vient de s'ouvrir et qui vous réunira tous, s'élèvera vers le Ciel une commune prière pour implorer l'Eternel et lui demander de répandre sur nos représentants les lumières qu'il leur faut pour travailler avec succès au salut, à la régénération de la France, notre chère et bien-aimée patrie.

---

Bar-le-Duc. — Typographie Louis GUÉRIN.

www.ingramcontent.com/pod-product-compliance
Ingram Content Group UK Ltd.
Pitfield, Milton Keynes, MK11 3LW, UK
UKHW022155190726
13855UKWH00004B/1495